Max Morris

Heinrich von Kleists Reise nach Würzburg

Max Morris

Heinrich von Kleists Reise nach Würzburg

ISBN/EAN: 9783743303829

Hergestellt in Europa, USA, Kanada, Australien, Japan

Cover: Foto ©Andreas Hilbeck / pixelio.de

Manufactured and distributed by brebook publishing software (www.brebook.com)

Max Morris

Heinrich von Kleists Reise nach Würzburg

Heinrich von Kleists
Reise nach Würzburg

von

Max Morris.

Berlin N.W.
Dorotheenstrasse 8
Verlag von Conrad Skopnik
1899.

Vorwort.

Wenn die in diesem Schriftchen gebotene Aufklärung über Kleists Reise nach Würzburg einigermassen überraschend wirkt, so bin ich mir doch bewusst, nicht auf Sensation ausgegangen zu sein. Ich bin an den Versuch, hier Klarheit zu schaffen, ganz unbefangen und harmlos herangegangen und gebe nun das Resultat, von dem ich selbst betroffen war, wie es eben ist. Sollte es mir begegnen, dass meine Darlegungen mit gewissen berüchtigten „Forschungen" über Goethe in eine Linie gestellt werden, so müsste ich das ertragen; ich würde dann allerdings meinen, es nicht verdient zu haben.

Ich habe über die Kämpfe und Leiden des unglücklichen und liebenswerthen Menschen mich völlig frei ausgesprochen und auch mit dem letzten Worte der Aufklärung nicht zurückgehalten. Dafür möchte ich nun aber ernstlich hier an den Eingang schreiben: Wer sich frei von Schuld fühlt, der werfe den ersten Stein auf ihn! Dann ist mir schon nicht bange, dass allzuviele Steine fliegen könnten. Und wenn man das Häuflein derer, die dann noch zum Steinewerfen berechtigt bleiben, leiblich versammelt schauen könnte, so würde sich zeigen, dass es nicht etwa durchweg die Gesündesten, Kräftigsten und Schönsten sind. —

Ich habe die Gelegenheit benutzt, der Arbeit über die Reise nach Würzburg noch einige harmlosere Beobachtungen über Kleist beizufügen.

Charlottenburg im Februar 1899.

Max Morris.

Inhalt.

	Seite
1. Heinrich von Kleists Reise nach Würzburg	1
2. Das Käthchen von Heilbronn und Gotthilf Heinrich Schubert	34
3. Mord aus Liebe	44

Heinrich v. Kleists Reise nach Würzburg.

In Heinrich von Kleists Leben sind längere Zeiträume, während deren er für uns vollkommen verschollen ist. Ob er von 1788—1792 sich durchweg in Berlin aufgehalten und was er während dieser Zeit getrieben hat, wissen wir nicht. Auch später verschwindet er uns mehrmals für Monate aus dem Gesicht. 1810 war er in Gotha und in Frankfurt a. M., ohne dass wir über den Zusammenhang dieser Reisen und seine damalige Existenz im Mindesten unterrichtet wären. Das ist nicht sehr verwunderlich bei der im Ganzen so geringen Beachtung, die er während seines Lebens bei den Zeitgenossen gefunden hat. Viel auffälliger ist eine andere Erscheinung. Wir besitzen über keine Zeit seines Lebens so umfangreiche Berichte wie über seine Reise nach Würzburg im August bis Oktober 1800. Von jeder Station schreibt er endlose Berichte an seine Braut, gelegentlich dreimal an einem Tage; wir können ihn wie Mitreisende begleiten, können jedes einzelne Nachtquartier nachweisen. An hundert Stellen spricht er von dem geheimnissvollen Zweck dieser Reise, er ist unerschöpflich in Andeutungen und Umschreibungen dieses Zwecks, man sieht, wie das Geheimniss ihn drückt, ihm auf der Zunge liegt, und man sollte meinen, dass es möglich sein müsste, einen Zweck, über den er sich, wenn auch verschleiert, in immer neuen Wendungen unzählige Male ausspricht, auch zu errathen — aber das Geheimniss ist bis jetzt nicht gelüftet. Ich stelle die Ansichten der Autoren über diese Reise zusammen.

Bülow (Heinrich von Kleists Leben und Briefe, Berlin 1848, S. 15) sagt: Im Herbste dieses Jahres bewog ihn ein unbekannter Anlass, einige Wochen in Würzburg zu verleben.

Koberstein (Kleists Briefe an seine Schwester Ulrike S. 27) hat von einer Nichte Kleists erfahren, die Reise wäre nach der Mittheilung Ulrikens von Kleist politischer Natur gewesen. Einige Stellen in dem Briefe an Ulrike vom 25. 11. 1800 würden ihn vermuthen lassen, dass es auf die nicht gefahrlose Erforschung irgend eines Geheimnisses im Fabrikwesen abgesehen war, wenn nicht andere Stellen in den voraufgehenden Briefen gar zu sehr dagegen zu sprechen schienen.

Wilbrandt (Heinrich von Kleist, Nördlingen 1863, S. 62): so muss man zu der Ueberzeugung kommen, dass er auf dieser Reise in Wahrheit nur sich selbst, d. h. seinen Dichterberuf und nichts Anderes suchte.

Otto Brahm (Heinrich v. Kleist, Berlin 1884, S. 25): So macht er sich jetzt, als ihm die gelehrte Noth bis an den Hals gestiegen, auf eine geheimnissvolle Weise aus Frankfurt fort, und giebt Niemanden, auch den Nächsten nicht, Auskunft über Plan und Ziel der Reise — weil er sie selbst nicht recht kennt . . . . Ganz ins Klare kommen auch wir heute nicht über die Reise: aber soviel scheint sicher, dass es sich ihm zunächst um einen vielleicht halb eingebildeten, amtlichen Zweck gehandelt hat, der aber bald bei Seite geschoben wurde, als die eigenen inneren Erlebnisse übermächtig wurden . . . Nicht das Schöne, so versichert er Ulriken, ist der Zweck seiner Reise. Wir gehen kaum fehl, wenn wir als diesen Zweck industrielle Forschungen zu erkennen glauben.

Theophil Zolling (Kleists Werke, Nationalliteratur Bd. 65, S. XIII): Welchen Zweck sollte diese Reise haben? Wir können aus Kleists dunklen Andeutungen darüber noch heute nicht klug werden. . . . Kleist, dünkt uns, wollte sich selber und den drückenden Berliner Verhältnissen entfliehen, sich für seine Kämpfe gegen den ihm von seiner Familie aufgezwungenen Beruf stählen, allein mit sich und dem wahlverwandten Brockes und unter neuen Umgebungen und Eindrücken sich sammeln und in der Ferne peripatetisch die Krisis, die ihn zum Dichter machen sollte, überwinden.

Raymond Bonafous, Henri de Kleist, Paris 1894, S. 39: Kleist a été effectivement chargé d'une mission industrielle, mais cette mission n'a pas été la raison première, ni surtout l'objet principal de son voyage. Il l'a sans doute perdue de vue à Würzbourg, et rien n'indique qu'il y ait réussi. En revanche, tout montre qu'il a réussi dans l'objet principal de son voyage, et qu'il s'est reconnu à Würzbourg, sinon poète, au moins écrivain. La conjecture de M. Wilbrandt doit donc être maintenue dans ses grandes lignes.

Alle diese so verschiedenen Meinungen sind irrig. Ich stelle ihnen eine ganz anders geartete Behauptung entgegen und denke sie zu beweisen: Heinrich von Kleist hat die Reise nach Würzburg unternommen, um dort unter fremdem Namen in ärztlicher Behandlung von einem Leiden befreit zu werden, das ihm die Verbindung mit seiner Braut, Wilhelmine von Zenge, unmöglich gemacht hätte, und zwar handelte es sich um Impotenz. Das steht in Kleists Briefen deutlich zu lesen; es ist nur bisher noch nicht gelesen worden. Ich benutze zum Beweise mit Ausnahme eines Briefes von Kleists Reisebegleiter Louis v. Brockes keine anderen Zeugnisse als Kleists eigene Briefe.

Ehe wir in den Beweis eintreten, machen wir uns zunächst zum Grundsatz, alle Angaben Kleists über seine Reise und ihren Zweck für wahr anzunehmen. Er selbst wird nicht müde, bei seinen geheimnissvollen Hindeutungen immer wieder in beweglichen Worten zu erklären, dass er verschweigt, aber nicht lügt.

An Ulrike. 14. 8. 1800.

Indessen erinnere Dich, dass ich bloss die Wahrheit verschweige, ohne indessen zu lügen, und dass meine Erklärung, das Glück, die Ehre, vielleicht das

Leben eines Menschen durch diese Reise zu retten, vollkommen gegründet ist.

Gewiss würde ich nicht so geheimnissreich sein, wenn nicht meine beste Erkenntniss mir sagte, dass Verheimlichung meines Zwecks nothwendig, **nothwendig** sei.

An Wilhelmine. 20. 8. 1800.

Eben damit Du ganz ruhig sein mögtest, habe ich Dir, die Einzige in der Welt, Alles gesagt, was ich sagen durfte, nichts, auch das Mindeste nicht, vorgelogen, und verschwiegen, was ich verschweigen musste.

An Ulrike. 21. 8. 1800.

Unterlasse alle Anwandlungen, Folgerungen und Combinationen. Sie müssen falsch sein, weil Du mich nicht ganz verstehen kannst. Halte Dich bloss an das, was ich Dir geradezu mittheile. Das ist buchstäblich wahr.

An Wilhelmine. 3. 9. 1800.

Denke nicht darüber nach und halte Dich . . . . mit blinder Zuversicht an Deinem Vertrauen zu meiner Redlichkeit, die Dich nicht täuschen wird, so wahr Gott über mich lebt. Einst wirst Du Alles erfahren und mir mit Thränen danken.

Dass hier ein ehrlicher und glaubwürdiger Mensch spricht, fühlt jeder. Ich habe also sämmtliche aus den Briefen zu gewinnende Zeugnisse ohne irgend eine Ausnahme oder Auswahl in die Darstellung eingeflochten. Dadurch entstehen allerdings eine Menge Wiederholungen,

aber es wird nur auf diese Weise deutlich, dass die Lösung sämmtliche Zeugnisse ohne Rest in sich auflöst, alle geheimnissvollen Andeutungen durchsichtig macht und mit keiner einzigen Erklärung Kleists in Widerspruch steht.

Es handelt sich um einen Plan, den Kleist seit lange mit sich herumtrug.

An Wilhelmine. 21. 8. 1800.

Ich hatte über dem Gedanken dieses Planes schon lange, lange gebrütet. Sich dem blinden Zufall überlassen und warten, ob er uns endlich in den Hafen des Glückes führen wird, das war nichts für mich. Ich war Dir und mir schuldig zu handeln.

Diesen Plan zur Ausführung zu bringen, wurde Kleist bestimmt durch einen auf sein Verlangen angefertigten Aufsatz seiner Braut, in dem sie sich zu erklären hatte, was sie von dem Glücke einer künftigen Ehe erwarte.

An Wilhelmine. 10. 10. 1800.

Ich ersuchte Dich doch einst, mir aufzuschreiben, was Du Dir denn eigentlich von dem Glücke einer künftigen Ehe versprächst. Erräthst Du nicht warum? Doch wie kannst Du das errathen? Ich sehe mit Sehnsucht diesem Aufsatz entgegen, den ich noch immer nicht von Wien erhalten habe. Sein erstes Blatt, das Du mir mittheiltest, und das mir so unaussprechliche, aber bittersüsse Freude gewährte, scheuchte mich aus Deinen Armen und beschleunigte meine Abreise. Weisst Du wohl noch mit welcher Bewegung ich es am Tage vor unserer Trennung durchlas, und wie ich es unruhig mit mir nach Hause nahm — und weisst Du auch, was ich da, als ich allein war, mit diesem Blatte alles empfand? Es zog mein ganzes Herz an Dich, aber es stiess mich zugleich unwiderruflich aus Deinen Armen.

Der Zweck der Reise ist ein ernster, sittlicher.
An Ulrike. 21. 8. 1800.

Vielmehr es liegt ein sehr ernster Zweck zum Grunde, der uns wahrscheinlich nicht eher ein ganz ungestörtes Vergnügen geniessen lassen wird, als bis er erreicht ist.

An Ulrike. 14. 8. 1800.

Sei ruhig. Sei ganz ruhig. — Wenn auch die Hülle des Menschen mit jedem Monde wechselt, so bleibt doch Eines in ihm unwandelbar und ewig: das Gefühl seiner Pflicht.

An Wilhelmine. 5. 9. 1800.

Lass mich nur ruhig meinem Ziele entgegengehen, Wilhelmine. Ich wandle auf einem guten Wege, das fühle ich an meinem heiteren Selbstbewusstsein, an der Zufriedenheit, die mir das Innere durchwärmt. Wie würde ich sonst mit solcher Zuversicht zu Dir sprechen? Wie würde ich sonst Dich noch mit inniger Freude die meinige nennen können?

An Ulrike. 26. 8. 1800.

Du wirkst unwissend zu einem Zwecke mit, der vortrefflich ist.

Es ist der Weg zur Tugend, den er auf dieser Reise wandelt.

An Wilhelmine. 11. 10. 1800.

Sie hatten aus den Weinbergen alle Steine rechts und links in diesen Weg geworfen, das Ersteigen zu erschweren — — gerade wie das Schicksal oder die Menschen mir auf den Weg zu dem Ziele, das ich nun doch erreicht habe. Ich lachte über diese auffallende Aehnlichkeit — liebes Mädchen, Du weisst noch nicht Alles, was mir in Berlin und in Dresden, in Baireuth, ja selbst hier in Würzburg begegnet ist, das Alles wird noch einen langen Brief kosten. Damals ärgerte ich mich aber so über die Steine, die mir in den Weg geworfen wurden, liess mich aber nicht stören, vergoss zwar heisse Schweisstropfen, aber erreichte doch, wie vorgestern, das Ziel. Das Ersteigen der Berge, wie der Weg zur Tugend, ist besonders wegen der Aussicht, die man oben vor sich hat, beschwerlich .... aber man muss an die Aussicht denken, wenn man den Gipfel erstiegen hat.

Vergnügungsabsichten sind dem Zweck der Reise fern.

An Ulrike. 21. 8. 1800.

Ich werde manches Schöne sehen und dabei jedesmal mit Wehmut daran denken, wie vergnügt Du dabei gewesen wärest, wenn es möglich gewesen wäre, Dich an dieser Reise Antheil nehmen zu lassen, doch das Schöne ist diesmal nicht Zweck meiner Reise.

An Wilhelmine. 1. 10. 1800.

Dieses mal empfange ich auf meiner Reise wenig Vergnügen durch die Reise.

Beim Antritt der Reise belebt ihn die Hoffnung auf eine frohe Zukunft, die nach glücklicher Erreichung des Reisezweckes sich ihm eröffnen wird.

An Wilhelmine. 20. 8. 1800.

Ich befand mich am anderen Tage und besonders in der letzten Nacht sehr übel, wagte aber die Reise, welche nothwendig war, doch, und der Genuss der freien Luft, Diät, das Rütteln des Wagens, vielleicht auch die Aussicht auf eine frohe Zukunft, haben mich wieder ganz curirt.

An Wilhelmine. 21. 8. 1800.

Auch Brockes sieht ein, dass die Wahrscheinlichkeit eines glücklichen Erfolges gross ist.

An Wilhelmine. 21. 8. 1800.

So oft ich es wieder lese, fühle ich mich gestärkt, selbst zu dem Grössten, und so gehe ich denn fest mit Zuversicht meinem Ziele entgegen. Doch werde ich vorher noch gewiss Struensee sprechen, um mir auf jeden Fall den Rückzug zu sichern.

Mit dem Reisezweck steht nicht nur Kleists sondern vor allem auch Wilhelminens Glück in inniger Verbindung.

An Wilhelmine. 16. 8. 1880.

Hilf mir meinen Plan so ausführen, liebes Mädchen. Dein Glück ist so gut dabei interessirt, ja vielleicht mehr noch, als das meinige. Das Alles wirst Du einst besser verstehen.

An Wilhelmine. 21. 8. 1800.

Minchen, Du weisst es nicht, wie viel an Deiner Verschwiegenheit hängt. Dein Glück ist auch dabei im Spiele, also sorge für mich und Dich zugleich, und befolge genau, ohne Einschränkung, ohne Auslegung, wörtlich, worum ich Dich herzlich und ernsthaft bitte. . . Du bist aufs Innigste mit meinem Plane verknüpft, also kannst Du schliessen, wie oft ich an Dich denke.

An Wilhelmine. 21. 8. 1800.

. . . . und von dem Zwecke meiner Reise weisst Du doch wenigstens so viel, dass er vortrefflich ist. Unser Glück liegt dabei zu Grunde, und es kann, welches eine Hauptsache ist, nichts dabei verloren, doch alles dabei gewonnen werden.

An Wilhelmine. 20. 9. 1800.

. . . . dass er in jeder Stunde an Dich dachte, ja, dass seine ganze Reise nichts war, als ein langer Gedanke an Dich?

Der Zweck der Reise erfordert strenges Geheimniss.

An Wilhelmine. 20. 8. 1800.

Deinem Bruder hatte ich das Versprechen abgenommen, weder das Ziel noch den Zweck meiner Reise zu erforschen.

An Wilhelmine. 21. 8. 1800.

Minchen, Du weisst es nicht, wie viel an Deiner Verschwiegenheit hängt.

Vor Allem kann eine Frau nicht seine Vertraute werden, sonst würde sich Kleist Ulriken anvertraut haben.

An Ulrike. 21. 8. 1800.

Die Mitwissenschaft eines Dritten war unmöglich, wenigstens stand es nicht in meiner Willkür, über das Geheimniss zu schelten; sonst würde meine edelste Schwester gewiss auch meine Vertraute geworden sein.

An Ulrike. 14. 8. 1800.

Wärst Du ein Mann gewesen — o Gott, wie innig habe ich dies gewünscht! — Wärst Du ein Mann gewesen — denn eine Frau konnte meine Vertraute nicht werden — so hätte ich diesen Freund nicht so weit zu suchen gebraucht, als jetzt.

Da also eine Frau nicht seine Vertraute werden kann und Kleist doch das Bedürfniss nach Rath und Beistand empfindet, so begiebt er sich nach Coblentz bei Pasewalk und entdeckt sich seinem Freunde Louis von Brockes, der sofort bereit ist, ihm zu seinem Zwecke beizustehen und ihn zu begleiten.

An Wilhelmine. 16. 8. 1800.

Mein Plan hat eine Aenderung erlitten, oder besser, das Mittel dazu; denn der Zweck steht fest. Ich fühle mich zu schwach, ganz allein zu handeln, wo etwas so Wichtiges auf's Spiel steht. Ich suche mir daher jetzt, ehe ich handle, einen weisen älteren Freund auf, den ich Dir nennen werde, sobald ich ihn gefunden habe.

An Ulrike. 14. 8. 1800.

Ich suche jetzt zunächst einen edeln, weisen Freund auf, mit dem ich mich über die Mittel zu meinem Zweck berathen könne, indem ich mich dazu zu schwach fühle, ob ich gleich stark genug war, den Zweck selbst unwiderruflich festzustellen.

An Wilhelmine. 21. 8. 1800.

Ich fühlte mich stark genug, den hohen Zweck zu entwerfen, zu schwach, um ihn allein auszuführen. Ich bedurfte nicht sowohl der Unterstützung, als nur eines weisen Rathes, um die zweckmässigsten Mittel nicht zu verfehlen. Bei meinem Freunde Brockes habe ich Alles gefunden, was ich bedurfte... Ihm habe ich mich ganz anvertraut; und er ehrte meinen Zweck, sobald er ihn kannte, so wie ihn denn jeder edle Mensch, der ihn fassen kann, ehren muss.

An Wilhelmine. 20. 8. 1800.

Mein erster Plan ist vollständig geglückt. Ich habe einen älteren, weisen Freund gefunden, gerade den, den ich am innigsten wünsche. Er stand nicht einen Augenblick an, mich in meinem Unternehmen zu unterstützen. Er wird mich bis zu seiner Ausführung begleiten.

An Ulrike. 21. 8. 1800.

Ich habe mich hier mit Brockes vereinigt. Er hat mit mir denselben Zweck, und das könnte Dich noch ruhiger machen, wenn Dich die Unerklärlichkeit meiner Reise beunruhigen sollte.

Die beiden Reisenden begeben sich nun zunächst nach Leipzig und lassen sich dort unter falschem Namen immatrikulieren, Kleist als Heinrich Berndt Klingstedt und Brockes als Moritz Bernhoff, um auf die Matrikel hin Pässe zu erhalten, mit denen sie incognito reisen können. Es sollen also später alle Spuren ihrer Reise verwischt sein.

An Wilhelmine. 30. 8. 1800.

.... ohne uns aufzuhalten, fuhren wir gleich weiter, die Nacht durch, nach Leipzig. . . . Hier kamen wir den 30. d. (heute) früh um 11 Uhr an. Unser erstes Geschäft war, uns unter unserm neuen Namen in die Akademie inscribiren zu lassen, und wir erhielten die Matrikeln, welche uns zu Pässen verhelfen sollen, ohne Schwierigkeit.

Die Reise soll zuerst nach Wien gehen.

An Ulrike. 21. 8. 1800.

Ich reise mit Brokes nach Wien.

An Wilhelmine. 1. 9. 1800.

Unser Reiseplan hat sich verändert. Wir gehen nicht über Regensburg, sondern über Dresden und Prag nach Wien. Dieser Weg ist näher und in

Dresden finden wir auch einen englischen Gesandten, der uns Pässe geben kann.

Aber in Dresden erhalten sie Nachrichten, die sie bestimmen, entweder nach Würzburg oder Strassburg sich zu begeben.

An Wilhelmine. 3. 9. 1800.

Soeben komme ich von dem englischen Ambassadeur Lord Eliot zurück, wo wir Dinge gehört haben, die uns bewegen, nicht nach Wien zu gehen, sondern entweder nach Würzburg oder Strassburg. . . . Ich gehe nicht weiter, als an einen dieser Orte, und kehre zu der einmal bestimmten Zeit, nämlich an dem 1. November gewiss zurück, wenn nicht vielleicht noch früher.

Diese Nachrichten, die Kleist beim englischen Gesandten erfuhr, waren politischer Art. Wien war von den Franzosen bedroht und der Weg dahin unsicher und gefährlich.

Die Entscheidung fällt für Würzburg aus.

An Wilhelmine. 20. 9. 1800.

Sobald ich sicher war, nicht nach Strassburg reisen zu dürfen, so sah ich voraus, dass ich mich nun hier wohl einige Wochen würde aufhalten müssen, und miethete mir daher mit Brockes ein eigenes Quartier, um dem theuren Gasthofe zu entgehen.

Hier halten wir einen Augenblick inne. Der Reisezweck konnte also sowohl in Wien, wie in Würzburg oder Strassburg erreicht werden. Es muss also diesen drei Städten etwas gemeinsam sein, das sie dazu tauglich machte. Alle drei Städte beherbergen nun Universitäten mit altberühmter medicinischer Fakultät.

Die Reisenden lassen sich also zu einem von Kleist auf 6—8 Wochen veranschlagten Aufenthalt in Würzburg nieder. In seinen vielen überaus langen und eingehenden Briefen von Würzburg erzählt Kleist nichts von einer dort stattgehabten ärztlichen Behandlung. Und doch hat eine solche stattgefunden. In einem späteren Briefe an Wilhelmine — geschrieben, wie weiterhin gezeigt wird, nachdem er sein Geheimniss Wilhelminen entdeckt hatte — setzt er die Thatsache als bekannt voraus, dass er sich in Würzburg in ärztlicher Behandlung befunden hat.

An Wilhelmine. 31. 1. 1801.

Um die Zeit, in welcher mein Arzt mich besuchte, ging er (Brockes) immer spazieren. Ich hatte ihm nie etwas gesagt, aber es mochte schlechtes oder gutes Wetter sein, er verliess das Zimmer und ging spazieren.

Der Arzt ist also immer, d. h. regelmässig zur bestimmten Zeit, zu Kleist gekommen, und Kleist rechnet es Brockes als eine Aeusserung seines Zartgefühls an, dass er sich um diese Stunde immer entfernte. Ein gelegentliches Unwohlsein Wilhelminen von Würzburg aus nicht mitzutheilen, lag für Kleist keine Veranlassung vor. Die Briefe beruhen ja alle auf dem Bestreben, zwischen sich und der Braut die innigste Gemeinschaft aller Lebensschicksale auch während der Reise aufrecht zu erhalten. Aber von der andauernden ärztlichen Behandlung konnte er ihr in Würzburg — vor der später erfolgten Offenbarung seines Geheimnisses — keine Mittheilung machen, weil eben in dieser Behandlung das Geheimniss steckte. Das wird weiterhin noch deutlicher werden.

In Würzburg ist es Kleist angenehm, dass nicht Jeder sehen kann, was er da für Geschäfte hat.

An Wilhelmine. 20. 9. 1800.

In Rom war ein Mann, der in Wänden von Glas wohnte, um die ganze Stadt zum Zeugen seiner Handlungen zu machen. Hier würde ganz Würzburg ein Zeuge der unsrigen sein, wenn es hier nicht jene jesuitischen Jalousien gäbe, aus welchen man füglich hinaussehen kann, ohne dass man von aussen hineinsehen könnte.

Am 5. oder 6. September sind die Reisenden in Würzburg angelangt. Schon wenige Tage nachher hat Kleist frohe Hoffnung für die Erreichung seines Reisezweckes und diese glückliche Hoffnung steigert sich immer weiter.

An Wilhelmine. Würzburg, 11. 9. 1800.

Mein liebstes Herzensmädchen, wenn ich dir sagen dürfte, wie vergnügt ich bin — doch das darf ich nicht.

An Wilhelmine. 13. 9. 1800.

Mädchen! Wie glücklich wirst Du sein! Und ich! Wie wirst Du an meinem Halse weinen, heisse innige Freudenthränen! Wie wirst Du mir mit Deiner ganzen Seele danken! — Doch still! Noch ist nichts ganz entschieden, aber — der Würfel liegt, und wenn ich recht sehe, wenn nicht alles mich täuscht, so stehen die Augen gut. Sei ruhig. In wenigen Tagen kommt ein guter Brief an Dich, ein Brief Wilhelmine, der — — doch ich soll ja nicht reden, und so will ich denn noch schweigen, auf diese wenigen Tage. Nur diese gewisse Nachricht will ich Dir mittheilen: ich gehe von hier nicht weiter nach Strassburg, sondern bleibe in Würzburg... Lass uns thun, als ob wir nichts Interessanteres mit einander zu plaudern hätten, als fremdartige Dinge. Denn das, was mir die ganze Seele erfüllt, darf ich Dir nicht, jetzt noch nicht mittheilen.

An Wilhelmine. 15. 9. 1800.

Zürnst Du vielleicht auf den Geliebten, der sich so muthwillig von der Freundin entfernte? Schiltst Du ihn leichtsinnig, den Reisenden, ihn, der auf dieser Reise Dein Glück mit unglaublichen Opfern erkauft und jetzt vielleicht, vielleicht schon gewonnen hat? Wirst Du mit Misstrauen und Untreue dem lohnen, der vielleicht in Kurzem mit den Früchten seiner That zurückkehrt? Wird er Undank bei dem Mädchen finden, für deren Glück er sein Leben wagte? Wird ihm der Preis nicht werden, auf den er rechnete, ewige, innige, zärtliche Dankbarkeit?

An Wilhelmine. 19. 9. 1800.

Hast Du Dich aus Misstrauen von mir losreissen wollen, so gieb es jetzt wieder auf, jetzt, wo bald eine Sonne über mich aufgehen wird. Wie würdest Du, in Kurzem, herüberblicken mit Wehmuth und Trauer zu mir, von dem Du Dich losgerissen hast, gerade da er Deiner Liebe am Würdigsten war? Wie würdest Du Dich selbst herabwürdigen, wenn ich heraufstiege vor Deinen Augen, geschmückt mit den Lorbeeren meiner That?

An Wilhelmine. 20. 9. 1800.

Lebe wohl und freue Dich auf den nächsten Brief, denn wenn nicht Alles mich täuscht, so — —

An Wilhelmine. 11. 10. 1800.

Ich finde jetzt die Gegend um diese Stadt weit angenehmer, als ich sie bei meinem Einzuge fand; ja ich möchte fast sagen, dass ich sie jetzt schön finde — und ich weiss nicht, ob sich die Gegend verändert hat, oder das Herz, das ihren Eindruck empfing.

Auch in den folgenden Briefstellen aus Berlin nach der Rückkehr spiegelt sich die glückliche Stimmung in Folge des in Würzburg erreichten Reisezwecks:

An Ulrike. 27. 10. 1800.

Mein liebstes, bestes Ulrikchen, wie freue ich mich, wieder so nahe bei Dir zu sein, und so froh, o ich bin es nie in meinem Leben herzlich gewesen, ich konnte es nicht; jetzt öffnet sich mir etwas, das mich aus der Zukunft anlächelt, wie Erdenglück. Mir, mein edles Mädchen, hast Du mit Deiner Unterstützung das Leben gerettet — Du verstehst das wohl nicht? Lass das gut sein. Dir habe ich, nach Brockes, von meiner jetzigen Ruhe und Fröhlichkeit das meiste zu danken, und ich werde Dir das ewig nicht vergessen. Die Thoren! Ich war gestern in Potsdam, und alle Leute glaubten, ich wäre darum so seelenheiter, weil ich angestellt wäre — die Thoren!

An Ulrike. 25. 10. 1800.

Ich fühle mich mehr als jemals abgeneigt, ein Amt zu nehmen. Vor meiner Reise war das anders — jetzt hat sich die Sphäre für meinen Geist und mein Herz ganz unendlich erweitert — das musst Du mir glauben — liebes Mädchen.

An Ulrike. 25. 10. 1800.

.... nie ist mir die Zukunft dunkler gewesen als jetzt, obgleich ich nie heitrer hineingesehen habe als jetzt.

Nach Erreichung des Reisezweckes lenken sich Kleists Gedanken in froher Hoffnung auf die Aussicht, dass Wilhelmine ihm Kinder gebären wird.

An Wilhelmine. 16. 9. 1800.

Deine Bestimmung, liebe Freundin, oder überhaupt die Bestimmung des Weibes ist wohl unzweifelhaft und unverkennbar; denn welche andere kann es sein, als diese, Mutter zu werden, und der Erde tugendhafte Menschen zu erziehen?

An Wilhelmine. 10. 10. 1800.

Eine grosse Idee — für Dich Wilhelmine, schwebt mir unaufhörlich vor der Seele... Ich ersuchte Dich doch einst mir aufzuschreiben, was Du Dir denn eigentlich von dem Glücke einer künftigen Ehe versprächst. Erräthst Du nicht warum? Doch wie kannst Du das errathen! — Ich sehe mit Sehnsucht diesem Aufsatz entgegen, den ich noch immer nicht von Wien erhalten habe. Sein erstes Blatt, das Du mir mittheiltest, und das mir eine unaussprechliche, aber bittersüsse Freude gewährte, scheuchte mich aus Deinen Armen und beschleunigte meine Abreise. Weisst Du wohl noch, mit welcher Bewegung ich es am Tage vor unserer Trennung durchlas und wie ich es unruhig mit mir nach Hause nahm — und weisst Du auch, was ich da, als ich allein war, mit diesem Blatte alles empfand? Es zog mein ganzes Herz an Dich, aber es stiess mich zugleich unwiderruflich aus Deinen Armen. — Wenn ich es jetzt wieder lesen werde, so wird es mich dahin zurückführen. Damals weinte*) ich, dass Du so gut, so edel, so achtungswürdig, so werth des höchsten Glücks warst, jetzt wird es mein Stolz und mein Entzücken sein. Damals quälte mich das Bewusstsein, Deine heiligsten Ansprüche nicht erfüllen zu können, und jetzt, jetzt — Doch still!

---

*) In Biedermanns Ausgabe der Briefe an Wilhelmine steht „meinte". Meine Vermuthung, dass dafür „weinte" zu lesen sei, wird mir von dem Besitzer der Originalbriefe, Herrn Alexander Meyer Cohn, auf meine Anfrage bestätigt. Das w ist ganz deutlich.

Jetzt, Wilhelmine, werde auch ich Dir mittheilen, was ich mir von dem Glücke einer künftigen Ehe verspreche. Ehemals durfte ich das nicht, aber jetzt — o Gott! Wie froh macht mich das! — Ich werde Dir die Gattin beschreiben, die mich jetzt glücklich machen kann — — und das ist die grosse Idee, die ich für Dich im Sinne habe. Das Unternehmen ist gross, aber der Zweck ist es auch. Ich werde jede Stunde, die mir meine künftige Lage übrig lassen wird, diesem Geschäfte widmen. Das wird meinem Leben neuen Reiz geben und uns Beide schneller durch die Prüfungszeit führen, die uns bevorsteht. In fünf Jahren, hoffe ich, wird das Werk fertig sein. Fürchte nicht, dass die beschriebene Gattin nicht von Erde sein wird und dass ich sie erst in dem Himmel finden werde. Ich werde sie in fünf Jahren auf dieser Erde finden und mit meinen irdischen Armen umschliessen..

O lege den Gedanken wie einen diamantenen Schild um Deine Brust: ich bin zu einer Mutter geboren! . . .

Dein nächstes Ziel sei, Dich zu einer Mutter, das meinige, mich zu einem Staatsbürger zu bilden, und das fernere Ziel, nach dem wir beide streben und das wir uns beide wechselseitig sichern können, sei das Glück der Liebe.

An Wilhelmine. 13. 11. 1800.

Ich fühle, dass es mir nothwendig ist, bald ein Weib zu haben. Dir selbst wird meine Ungeduld nicht entgangen sein — ich muss diese unruhigen Wünsche, die mich unaufhörlich wie Schulden mahnen, zu befriedigen suchen. Sie stören mich in allen meinen Beschäftigungen — auch damit ich moralisch gut bleibe, ist es nöthig. Sei aber ganz ruhig, ich bleibe es gewiss. Nur kämpfen möchte ich nicht gern. Man muss sich die Tugend so leicht machen, als möglich. Wenn ich nur erst ein Weib habe, so werde ich meinem Ziele ganz ruhig und ganz sicher entgegen gehen — aber bis dahin — o werde bald, bald, bald mein Weib!

Vorübergehend quält ihn die Vorstellung, der Reisezweck möchte vielleicht doch nicht erreicht sein.

An Wilhelmine. 13. 11. 1800.

Ist es unter diesen Bedingungen nicht möglich, dass wir uns bald vereinigen — — nicht möglich, nun denn, so müssen wir auf günstigere Zeiten hoffen — aber das Schrecklichste wäre mir, Dich betrogen zu haben, Dich, die mich so innig liebt — o weg mit dem abscheulichen Gedanken.

Zur Erreichung seines Zwecks hat Kleist erhebliche Kosten aufwenden müssen, aber sie reuen ihn nicht.

An Ulrike. 27. 10. 1800.

Die Reise und besonders der Zweck der Reise war zu kostbar für 300 Rthlr. Brockes hat mir mit fast 200 Rthlr. ausgeholfen .. ich achte mein ganzes Vermögen nicht um das, was ich mir auf dieser Reise erworben habe.

An Wilhelmine. 20. 9. 1800.

Denn ob ich gleich im Ganzen die Kosten der Reise nicht gescheut habe, ja selbst zehnmal so viel und noch mehr zu ihrem Zwecke aufgeopfert haben würde, so suchen wir doch im Einzelnen unsere Absicht so wohlfeil als möglich zu erreichen.

Der unbequemen Fragen wegen scheut er sich nach der Reise nach Frankfurt zu kommen.

An Wilhelmine. 27. 10. 1800.

Nach Frankfurt möchte ich jetzt nicht gern kommen, um das unausstehliche Fragen zu vermeiden, da ich durchaus nicht antworten kann, denn ob ich gleich das halbe Deutschland durchreiset bin, so habe ich doch im eigentlichsten Sinne nichts gesehen.

Dagegen tritt nun, nach erreichtem Reisezweck, an Kleist die Frage heran, ob er ihn nachträglich den beiden ihm nächstverbundenen weiblichen Wesen bekennen soll.

An Wilhelmine. 10. 10. 1800.

O wenn ich jetzt neben Dir stehen könnte, wenn ich Dir diesen unverständlichen Brief erklären dürfte, wenn ich Dich vor Missverständnissen sichern könnte, wenn ich jede unwillige Regung Deines Gesichtes gleich in dem ersten Augenblicke der Entstehung unterdrücken dürfte —. Zürne nicht, liebes Mädchen, ehe Du mich ganz verstehst! Wenn ich mich gegen Dich vergangen habe, so habe ich es auch durch die theuersten Opfer wieder gut gemacht. Lass mir die

Hoffnung, dass Du mir verzeihen wirst, so werde ich den Muth haben, Dir alles zu bekennen. Höre nur erst mein Bekenntniss an, und ich bin gewiss, dass Du dann nicht mehr zürnen wirst.

An Ulrike. 27. 10. 1800.

Du möchtest wohl die Einzige sein auf dieser Erde, bei der ich zweifelhaft sein könnte, ob ich das Geheimniss nun beenden soll oder nicht? Zweifelhaft, sagte ich; denn bei jedem Andern bin ich entschieden, nie wird es aus meiner Seele kommen . . .

Es war von vorn herein seine Absicht gewesen, wenn Alles gut abgelaufen sein würde, sich Wilhelminen zu entdecken.

An Wilhelmine. 5. 9. 1800.

Noch einen Gedanken — — Warum, wirst Du sagen, warum spreche ich so geheimnissreiche Gedanken halb aus, die ich doch nicht ganz sagen will? Warum rede ich von Dingen, die Du nicht verstehen kannst und sollst? Liebes Mädchen, ich will es Dir sagen. Wenn ich so etwas schreibe, so denke ich mich immer zwei Monate älter. Wenn wir dann einmal, in der Gartenlaube, einsam, diese Briefe durchblättern werden und ich Dir solche dunkle Aeusserungen erklären werde, und Du mit dem Ausruf des Erstaunens: ja so, so war das gemeint — —

Und so hat er ihr denn Anfang November in Frankfurt Alles gesagt.

An Wilhelmine. 13. 11. 1800.

Ich wollte Dir bei meiner Anwesenheit in Frankfurt vorschlagen, ob Du Dir nicht ein Tagebuch halten wolltest ... Das könntest Du mir dann von Zeit zu Zeit mittheilen — aber Du müsstest Dich darum nicht weniger strenge prüfen — ich werde nicht hart sein — denke an Deine Verzeihung meines Fehltrittes.

An Wilhelmine. 11. 1. 1801.

Manches Mädchen habe ich schon mit Dir verglichen und bin ernst geworden, z. B. die L...., die D...., und manches ist hier noch in Berlin, das ich gegen Dich halte, und ernst macht mich jedesmal diese Vergleichung; aber Du hast eine jahrelange Bekanntschaft, die innigste Vertraulichkeit, eine beispiellose That und ebenso beispiellose Verzeihung für Dich.

Die Konkordanz aller bisher völlig räthselhafter Stellen zu dem vorausgeschickten Lösungsworte überhebt mich wohl der Aufgabe, nun noch einmal rückblickend und zusammenfassend den Beweis aus seinen Theilen aufzubauen. Ich setze deshalb nur die entscheidende Stelle noch einmal hierher:

An Wilhelmine. 10. 10. 1800.

Weisst Du auch, was ich als ich allein war mit diesem Blatte (Aufsatz Wilhelminens über das Glück einer künftigen Ehe) alles empfand? Es zog mein ganzes Herz an Dich, aber es stiess mich zugleich unwiderruflich aus Deinen Armen. — Wenn ich es jetzt wieder lesen werde, so wird es mich dahin zurückführen. Damals weinte ich, dass Du so gut, so edel, so achtungswürdig, so werth des höchsten Glücks warst, jetzt wird es mein Stolz und mein Entzücken sein. Damals quälte mich das Bewusstsein, Deine heiligsten Ansprüche nicht erfüllen zu können; und jetzt, jetzt — doch still!

Jetzt Wilhelmine werde auch ich Dir mittheilen, was ich mir von dem Glücke einer künftigen Ehe verspreche. Ehemals durfte ich das nicht, aber jetzt — o Gott! Wie froh macht mich das! Ich werde Dir die Gattin beschreiben, die mich jetzt glücklich machen kann.

So wissen wir denn, wer der Mensch ist, dessen „Glück, Ehre, ja vielleicht das Leben" zu retten Kleist die Reise unternahm.

Unter allen diesen Briefstellen ist nur eine einzige, die durch das gegebene Lösungswort nicht sofort aufgehellt wird und die einer kurzen Erläuterung bedarf.

An Wilhelmine. 21. 8. 1800.

... und so gehe ich denn fest mit Zuversicht meinem Ziele entgegen. Doch werde ich vorher noch gewiss Struensee sprechen, um mir auf jeden Fall den Rückzug zu sichern.

Kleist meint: Gelingt mir mein grosses Unternehmen einer körperlichen und moralischen Wiedergeburt, so lebe ich als freier Mann der Wissenschaft (von Poesie war damals noch gar nicht die Rede) und meiner Liebe. Misslingt es, so will ich in Gottes Namen einsam in einem Aemtchen vermodern. In Uebereinstimmung damit schreibt er nach gelungener Kur an Wilhelmine den grossen Brief vom 13. 11. 1800 über das Thema: „Ich will kein Amt nehmen". Struensee war Minister und Chef des Accise- und Zolldepartements, in dem Kleist bis zu seiner Abreise als Volontär beschäftigt gewesen war.

Nun entsteht noch die Frage: Wie kam es, dass der, soviel wir wissen, bis dahin völlig gesunde Kleist gerade von diesem Leiden befallen wurde? Auch darauf lässt sich antworten, und ich sehe keinen Grund, auf dem einmal betretenen Wege Halt zu machen und vor irgend einem Wissen zurückzuschrecken. Kleist berichtet an Wilhelmine, was er im Julius-Hospital in Würzburg gesehen hat:

An Wilhelmine. 13. 9. 1800:

Aber am Schrecklichsten war der Anblick eines Wesens, das ein unnatürliches Laster wahnsinnig gemacht hatte. Ein achtzehnjähriger Jüngling, der noch vor Kurzem blühend schön gewesen sein soll und noch Spuren davon an sich trug, hing da über die unreinliche Oeffnung, mit nackten, blassen, ausgedorrten Gliedern, mit eingesenkter Brust, kraftlos niederhangendem Haupte: eine Röthe, matt und geadert, wie eines Schwindsüchtigen, war ihm über das todtenweisse Antlitz gehaucht, kraftlos fiel ihm das Augenlid auf das sterbende, erlöschende Auge, wenige saftlose Greisenhaare deckten das frühgebleichte Haupt, trocken, durstig, lechzend hing ihm die Zunge über die blasse eingeschrumpfte Lippe, eingewunden und eingenäht lagen ihm die Hände auf dem Rücken — er hatte nicht das Vermögen, die Zunge zur Rede zu bewegen, kaum die Kraft, den stechenden Athem zu schöpfen — nicht verrückt waren seine Gehirnsnerven, aber matt, ganz entkräftet, nicht fähig, seiner Seele zu gehorchen, sein ganzes Leben nichts als eine einzige, lähmende, ewige Ohnmacht. — O lieber tausend Todt als ein einziges Leben wie dieses! So schrecklich rächt die Natur den Frevel gegen ihren eigenen Willen! O weg mit diesem fürchterlichen Bilde!

Nun, diesen Kranken hat Kleist wahrscheinlich überhaupt nicht, jedenfalls nicht so gesehen, wie er ihn schildert, denn ein solches Krankheitsbild giebt es gar nicht. Das ist das wohlbekannte Schreckgespenst, das in den Köpfen geängstigter Jünglinge sein spukhaftes Wesen treibt. Goethe sagt, er habe im Werther geschildert, was geworden wäre, wenn er sich nicht zusammengenommen hätte. Auch Kleist zeichnet hier ein Bild von dem, was er nach seiner — übrigens irrigen — Ansicht geworden wäre, wenn er sich nicht zusammengenommen hätte. Vergleiche auch: Ich fühle, dass es mir nothwendig ist, bald ein Weib zu haben . . . . auch damit ich moralisch gut bleibe, ist es nöthig (an Wilhelmine, 13. 11. 1800). Nun hören wir noch, was Zolling (Kleists Werke, Nat. Litteratur, Bd. 1, Einleitung S. 14) mittheilt: „In Brockes Tagebuch — letztes Datum darin 1804 — fand sich neben vielen Auszügen aus Büchern und eigenen Gedanken des Schreibers ein langer Aufsatz mit der Anrede: „Mein lieber Heinrich!" Wir wagen es aber nicht, diesen moralisirenden Brief an einen Freund, der ihm frühere Ausschweifungen gebeichtet, auf die blosse Anrede hin auf Kleist zu beziehen, der schon genug des Jammers zu tragen hat." Ich kann die Noblesse durchaus würdigen, mit der Zolling über seinen Fund hinweggleitet, aber in diesem Zusammenhange, in dem es sich darum handelt, zu verstehen, kann ich sie nicht nachahmen. Das Krankheitsbild schliesst sich hier zu völliger Klarheit, es handelt sich um die wohlbekannte und überaus häufige psychische Impotenz, die bei nervösen, grüblerischen Jünglingen durch übertriebene Vorstellungen von den Folgen solcher Fehler zu Stande kommt. Wer etwa über die Art dieser Fehler noch irgend wie im Zweifel sein sollte, der betrachte die Stelle in der Schilderung des Kranken im Juliusspital: „Eingewunden und eingenäht lagen ihm die Hände auf dem Rücken."

Wir versuchen nun noch, was sich über die ärztliche Behandlung ermitteln lässt. Der bei der schwachen Besetzung der Würzburger medicinischen Fakultät für Kleist naturgemäss gegebene Arzt war Dr. Nicolaus Thomann, seit 1796 ausserordentlicher Professor in Würzburg. Sein Lehrauftrag war die klinische Medicin; er las über specielle Therapie und Klinik. (Wegele, Geschichte der

Universität Würzburg, Würzburg 1882). Er war im Nebenamte erster Arzt am Juliusspital, und so verstehen wir leicht, weshalb Kleist Gelegenheit hatte, im Juliusspital sich so genau umzusehen (an Wilhelmine, 13. 9. 1800). Sein Arzt wird ihn dort eingeführt haben. Auch über die Art der Kur können wir einige Aufschlüsse gewinnen.

An Wilhelmine. 19. 9. 1800.

Es ist zwölf Uhr Nachts. Künftig will ich Dir sagen, warum ich so spät geschrieben habe.

An Wilhelmine. 31. 1. 1801.

Ich brannte während der Nacht Licht in meiner Kammer und der Schein fiel durch die geöffnete Thür gerade auf mein Bett. Nachher habe ich gelegentlich erfahren, dass er (**Brockes**) viele Nächte deswegen gar nicht geschlafen habe; aber nie hatte er es mir gesagt.

Der Arzt hatte also angeordnet, dass Kleist vor dem Schlafengehen sich mit ernster geistiger Arbeit beschäftigen und besonders, dass er die ganze Nacht hindurch Licht brennen sollte. Eine weise Vorschrift, die von der ärztlichen Befähigung des Professors keine üble Vorstellung erweckt.

In solchen Fällen wie bei Kleist ist der ehrliche Wille zur Genesung schon beinahe die Genesung selbst, und mit welcher Kraft seiner leidenschaftlichen Seele Kleist hier um Genesung kämpft, kann man nur erschüttert und gerührt betrachten. Die von dem verständigen Würzburger Arzt angewandte diätetisch-psychische Behandlung vollendete die durch den Willen des Leidenden schon grösstentheils eroberte Heilung, und Kleist kehrte als ein — für kurze Zeit — glücklicher Mensch nach Berlin zurück.

Dass Kleist in seinem rücksichtslosen, vor keiner Consequenz zurückschreckenden Muthe, den wir von seinen Dichtungen her kennen, auch den eben berührten Theil seines Krankheitsbildes von der Confession an die Braut nicht ausgeschlossen hat, zeigen die folgenden Stellen:

An Wilhelmine. 10. 10. 1800.

Wenn ich mich gegen Dich vergangen habe, so habe ich es auch durch die theuersten Opfer wieder gut gemacht. Lass mir die Hoffnung, dass Du mir verzeihen wirst, so werde ich den Muth haben, Dir Alles zu bekennen.

Und nun nach der Beichte:

d. 13. 11. 1800.

Denke an Deine Verzeihung meines Fehltrittes.

d. 11. 1. 1801.

Du hast eine beispiellose That und ebenso beispiellose Verzeihung für Dich.

Diese That ist nun allerdings beispiellos. Rousseau hat ja in seinen „confessions" Aehnliches von sich bekannt; aber es ist leichter, solche Dinge vor der ganzen Welt zu bekennen, als vor der Braut.

Auch Ulriken hat Kleist sich nachträglich entdeckt.

An Ulrike. 5. 2. 1801.

Ach, Du weisst nicht, Ulrike, wie mein Innerstes oft erschüttert ist. — Du verstehst dies doch nicht falsch?

Er besorgt also, sie könne diese Erschütterung, die mit dem Fehlschlagen seiner wissenschaftlichen Bestrebungen zusammenhängt, als die Wirkung eines Rückfalls in sein altes Leiden auffassen.

Die Heilung ist gewiss von Dauer gewesen. Am 1. Mai 1802 schreibt er an Ulrike:

... kurz, ich habe keinen anderen Wunsch, als zu sterben, wenn mir drei Dinge gelungen sind, ein Kind, ein schön Gedicht und eine grosse That.

Hier sehen wir ihn also in frohem Vertrauen auf seine Mannes-, Geistes- und Menschenkraft. Für dauernde Heilung spricht auch seine Schilderung von dem Zusammenleben mit dem „Mädeli" auf der Aarinsel. Denn wenn auch das zwischen den Zeilen zu lesende Liebesverhältniss nur ein phantastischer Glückstraum des Dichters sein sollte, wie Zolling (Heinrich von Kleist in der Schweiz, Stuttgart 1882 S. 67) andeutet, so würde auch dieses behagliche Ausmalen eines solchen Glücks in einem von Zufriedenheit durchströmten Briefe — eine seltene Erscheinung bei Kleist — für andauernde Heilung sprechen. Auch pflegt in solchen rein psychisch bedingten Fällen, wenn einmal mit der erreichten Genesung das erforderliche Selbstvertrauen hergestellt ist, kein Rückschlag einzutreten. —

Vielleicht ist Manchem beim Lesen die Meinung gekommen, dass es besser gewesen wäre, den Schleier von der Würzburger Reise Kleists nicht zu lüften. Ich würde diese Meinung nicht theilen. Das gute Recht der Forschung, zu wissen und zu verstehen, hat keine Schranken. Die Würzburger Reise wird hier des bisherigen Scheines einer thörichten, unverständlichen Schrulle entkleidet und eine Menge räthselhafter Briefe werden bis in ihre letzten Winkel durchsichtig. Aber auch Kleists Gestalt verliert nicht für den, der fähig ist, wie Mahadö Menschen menschlich zu sehen. Wie sein Prinz von Homburg sinkt Kleist, um sich zu erheben. Denn trotz der pedantischen und ungeschickten Art, mit der er seinen guten Plan ins Werk setzt, rührt der schöne Aufschwung seiner edel gearteten Seele zum Rechten, sein leidenschaftliches Kämpfen um ganzes, gesundes Menschenthum, seine Sehnsucht nach dem frohen Besitze von Weib und Kind. Das Glück, zu dessen Erlangung er die Würzburger Reise unternahm, ist ihm in der Folge nicht zu Theil geworden, aber er erscheint nie liebenswerther und im Grunde gesünder wie hier als Kranker. „Die Krankheit erst bewähret den Gesunden." Die Dichtung Goethes, der diese Worte entstammen, deutet auf verwandte Erfahrungen, die Goethe allerdings erst im regelrechten Laufe der Natur als Greis zu machen hatte, und die er, um wieder seine Worte zu verwenden, aus der kummervollen Sphäre in eine freiere Kunstregion gehoben hat. Goethes „Tagebuch" ist freilich erfreulicher zu lesen als Kleists Würzburger Briefe, aber es ist für Menschen doch auch beweglich und erhebend, zu sehen, wie hier menschliche Gebrechen durch reine Menschlichkeit gesühnt werden.

Das Käthchen von Heilbronn und Gotthilf Heinrich Schubert.

In seiner Arbeit „Ueber Kleist's Käthchen von Heilbronn" (Euphorion 1895 Ergänzungsheft S. 14) weist Spiridion Wukadinović auf Gotthilf Heinrich Schuberts „Ansichten von der Nachtseite der Naturwissenschaft, Dresden 1808" als eine der Quellen des Dramas hin. Das Buch giebt die von Schubert im Winter 1807/8 in Dresden gehaltenen Vorlesungen wieder, denen Kleist, nach Wukadinovićs Vermuthung, die sich weiter unten als begründet erweisen wird, beiwohnte. Wukadinović zieht nun die folgende Stelle des Buches aus:

„So ist denn auch zuweilen die Liebe des Geschlechts, wenn sie in Verhältnissen aufwacht und recht lebhaft wird, wo sie bloss innere heftige Neigung bleiben muss; wo sie das, was sie verlangt, nicht erreichen kann, mit geistigen Erscheinungen verbunden, welche ein Ungeübter wohl schwerlich als das erkennen würde, was sie eigentlich sind. Zustände der Ekstase und der höchsten Begeisterung, in denen die arme, kranke Person in erhabenen Bildern und Worten geist- und sinnvolle Dinge ausspricht, welche sich sehr häufig in das Lichtgewand religiöser Wahrheiten einhüllen; Zustände, welche auch in Hinsicht des Vorauswissens künftiger oder sonst verborgener (dem Raume nach entfernter) Begebenheiten jenen des magnetischen Hellsehens gleichen, in vielen anderen Beziehungen dieses noch übertreffen, zeichnen die merkwürdige Seelenkrankheit aus, von der hier die Rede ist. Sie treten plötzlich ein, scheinbar ohne alle Veranlassung, meistens jedoch in der Nähe des die Attraktion erregenden Gegenstandes, oder bei Veranlassungen, welche jene innere Anziehung heftig aufregen. Bei dem Erwachen aus jenen Zuständen weiss die kranke Person, ebenso wie die wieder ins gewöhnliche Leben erwachte Somnambule nichts von allen dem, was sie in höchster Begeisterung gethan und gesprochen."

Hieraus soll Kleist die Anregung für Käthchens Traumzustände geschöpft haben. Es steht aber doch an dieser Stelle nichts weiter, als dass sinnliche Liebe mit ekstatisch hellseherischen Zuständen verbunden sein kann. Das ist noch keine Uebereinstimmung, die mit Nothwendigkeit für Beeinflussung spricht. Und Käthchen redet keineswegs in erhabenen Bildern und Worten geist- und sinnvolle Dinge. Vielmehr spricht sie wie Faust's Gretchen und noch mehr als diese naiv und volksmässig. Und doch ist Wukadinović völlig auf der

rechten Spur, wenn er dem Einflusse Schuberts auf
das Drama nachzuforschen übernimmt, nur vollzog sich
dieser Einfluss weniger durch Schuberts Vorlesungen
oder sein Buch, als vielmehr in seinen mündlichen Gesprächen mit Kleist. In seiner Selbstbiographie (Erlangen
1854 – 56) erzählt Schubert (Bd. 2, S. 221.):

„Unter diese (neuesten Erscheinungen der Literatur)
gehörten auch einzelne patriotische Gedichte und
dramatische Werke des Heinrich von Kleist. Dieser
merkwürdige Geist, mit naturkräftigen, zugleich aber
wie von einem schmerzhaften inneren Weh gebundenen
Schwingen, war, wenn ich nicht irre, damals soeben aus
der Gefangenschaft, in welcher ihn die französischen
Gewalthaber in Berlin gehalten hatten, frei geworden,
und, seiner alten Neigung zu diesem friedlichen Ruheorte folgend, nach Dresden gegangen. Hier war er in
einen geselligen Kreis getreten, in welchem ein Gemüth
wie das seine gar bald sich neu gestärkt und freudig
fühlen musste. Der geistreiche Rühle von Lilienstern
in seiner frischen jugendlichen Kraft und Lebendigkeit;
der gemüthvolle, heitere von Pfuel, der sich gleich bei
der ersten Bekanntschaft das Zutrauen Aller, die es mit
dem Rechten und Guten recht meinten, erwarb; Adam
Müller, der Mann von feinem Sinne und Verstande,
welcher durch seine seltene Gewandtheit und Beweglichkeit sehr zu einer bedeutenden Wirkung auf die Bewegungen seiner Zeit geeignet war, diese drei bildeten
den Mittelpunkt jenes Kreises. Auch mir that sich

derselbe auf und ich besuchte denselben öfter, gab auch einige kleine Arbeiten in die Zeitschrift „Phöbus", welche damals Kleist und Adam Müller gemeinsam redigirten".

Ferner S. 227:

„Da kamen er (Adam Müller) und seine vorhin erwähnten Freunde (Kleist, Lilienstern, Pfuel), auf den Einfall, mich . . . zu einer thätigen Theilnahme an dem löblichen Werke der allgemeinen Bildung aufzufordern. Ich solle, so stellten sie mir meine Aufgabe, Vorlesungen über ein Gebiet der Natur- und Seelenkunde halten, welches seinem Wesen nach das anziehendste von allen und gerade für die damalige Zeit von höchstem, allgemeinstem Interesse sei: über die Aeusserungen des Seelenlebens in jenen Zuständen einer Gebundenheit des leiblichen Lebens, welche der animalische Magnetismus hervorruft, oder welche auch ohne diesen im Traume, in den Vorahndungen des Künftigen, im geistigen Ferngesicht u. s. f. sich kund geben . . . . Und wenn ich mit Adam Müller und seinen Freunden allein, oder mit ihnen im Kreise einer adligen Familie aus Polen mich befand, bei welcher Müller wohnte, da konnte ich so ohne Scheu und so fertig über solche Dinge sprechen, dass es mir selber, und nach meinem Bedünken auch den Andern eine Freude war. Denn namentlich für Kleist hatten Mittheilungen dieser Art so viel Anziehendes, dass er gar nicht satt davon werden konnte und immer mehr und mehr derselben aus mir hervorlockte: auch hatten einige seiner Freunde unter meiner Anleitung einen Versuch mit dem Mesmerismus gemacht, wobei sich jedoch keine der gehofften und gewünschten „wunderbaren" Erscheinungen zeigen wollte."

Diese von der Kleistforschung bisher nicht bemerkte Mittheilung Schuberts gestattet uns nun, die Anregungen, welche Kleist für seine Dichtung bei Schubert fand, nicht auf das gedruckt vorliegende Werk zu beschränken, sondern in viel höherem Masse in Schuberts mündlichen Mittheilungen zu suchen. Diese können wir nun freilich nicht unmittelbar wieder aufbauen, aber Schubert hat ja seine Anschauungen später noch in weiteren Schriften niedergelegt. Wenn sich also in einer solchen ganz ausserordentliche Uebereinstimmungen mit Motiven aus Kleists Dichtung finden, so dürfen wir erwägen, ob Schuberts Gespräche zu Grunde liegen.

Schubert, die Symbolik des Traumes, Bamberg 1814. Ich citire nach der 2. Auflage von 1821:

S. 9. „Es wird dieses gegenseitige einander Verstehen der Seelen im Traum und ähnliche Zustände auch noch aus anderen Wahrnehmungen wahrscheinlich. Es sind nämlich die Fälle gar nicht so selten, wo Menschen, die in ein und demselben Zimmer oder Hause schliefen, zu gleicher Zeit einen und denselben, ja sogar sich gegenseitig vervollständigenden Traum geträumt haben. So träumte einer unserer Psychologen selber, als er sich noch als Hofmeister im Hause eines Pächters befand, einen und denselben, aus sehr vielen Bildern zusammengesetzten Traum mit einem zum Besuch hergekommenen älteren Sohn der Familie. Dieser hatte gleichsam mit seinem Traum den jungen Philosophen in allen Bewegungen seines Traumes begleitet, hatte ihn in allen den Beziehungen und Verhältnissen gesehen, von welchen dieser geträumt hatte, und es blieb jener merkwürdige Traum nicht ohne anderweitige Beziehungen auf die äusseren Lebensverhältnisse des jungen Gelehrten. Aehnliche Fälle, wo derselbe Traum von zwei nahe verbundenen Personen, z. B. Ehegatten, oder von Mutter und Kind, zu gleicher Zeit geträumt wurde, sind mehrere bekannt."

Da haben wir also den sich ergänzenden Doppeltraum Käthchens und des Grafen. Kleist lässt weiter ganz unbefangen einen Cherub auf der Bühne erscheinen, der Käthchen aus dem brennenden Hause rettet. Schubert S. 115.: „Zu den hier angeführten Fällen erlaube der Leser nur einige von jenen seltenen hinzuzufügen, wo jene gute Stimme im Innern, jener sokratische Dämon, wirklich als etwas Aeusseres, Sichtbares, als guter, warnender und rettender Engel erschienen war." (Es folgt ein solcher Fall, von dem ich nur die wesentliche Stelle anführe): „Aber, fügte sie hinzu, ihr sei jedesmal, wenn sie sich verletzen oder ums Leben bringen wollte, eine weissbekleidete, gar lieblich aussehende Jünglingsgestalt erschienen, welche ihr die Hand gehalten, sie freundlich getröstet, sie zur Geduld, zum Vertrauen auf Gott ermahnt habe. Damals, da sie im Brunnen in grosser Lebensgefahr gewesen sei, ... sei ihr jener schöne Engel erschienen, habe sie bei den Schultern angefasst und ihr . . . . geholfen, wieder aus dem Brunnen zu steigen . . . . damals, als sie sich der Brücke nahte, um sich mit ihrem lieben Kinde zugleich zu tödten, sei ihr jener Schutzengel auch erschienen . . . ."

Wir dürfen wohl geradezu vermuthen, dass diese Geschichte zu den Mittheilungen Schuberts gehörte, von denen Kleist „gar nicht satt werden konnte."

Nun hat Schubert noch allgemeine Vorstellungen von dem Verhältnisse zwischen Traum und Poesie, die er dem jungen poetischen Freunde gewiss nicht vorenthalten hat. S. 22: „Was zuerst die Sprache der Poesie betrifft, so ist ihre Verwandtschaft mit der Sprache des Traumes schon aus dem Vorhergehenden deutlich . . . . Jene wie diese redet ausdrucksvoller, gewaltiger, magischer zum Gemüth, als die Prosa des Wachens, und die Poesie zeigt auch noch in anderer Hinsicht, dass ihr der Schlüssel zu unserem inneren Räthsel nicht fern liege. Wie nämlich der Seele, wenn sie die Sprache des Traumes spricht, prophetische Combinationen, Blicke in das Zukünftige gelingen, so erhält sie diese Eigenschaften auch in der Region der höheren Poesie; die wahrhaft poetische Begeisterung und die prophetische sind nach ihren freilich sehr verschiedenen Stufen verwandt; Propheten waren wenigstens immer Dichter."

Das wird dem aufhorchenden Kleist eingeleuchtet haben und er zog die Folgerung, dass bei so naher Verwandtschaft von Traum und Poesie prophetische Träume auch der beste Gegenstand der Poesie sein müssten.

Für den Prinzen von Homburg sind folgende Stellen anzuführen:

S. 173. „Nur dieses ist der Weg zu dem eigentlichen und wahren Hellsehen des Geistes, welches wir wohl mit dem Namen des prophetischen bezeichnen dürfen . . . .

S. 176. Den Zuständen des magnetischen Hellsehens, bei denen der Seele ein neuer umfassenderer Sinn nach aussen, ja in gewisser Hinsicht die Natur und Kräfte des Geistes gegeben sind, theilt wohl auch im natürlichen Menschen der Geist durch sein Mitwirken den Glanz und Schein des Höheren und Höchsten mit.

S. 181. So entsteht das Phänomen einer doppelten Reihe von Zuständen, davon jede in sich selber, die eine aber nicht mit der anderen zusammenhängt. Die Somnambule erinnert sich, sobald sie heute wieder in den Zustand des magnetischen Schlafes geräth, alles dessen, was sie gestern und früher in diesem Zustande gethan und gesprochen . . . So hängen die Zustände des magnetischen Schlafes durch klare Erinnerung eben so innig unter einander zusammen, als im wachen Zustande das Heute mit dem Gestern.

S. 208. Jenes Ferngefühl, jener Seherblick der Seele, ist denn auch ein Eigenthum der Entzückung, des Traumes, der Ohnmacht, des Scheintodes und anderer Zustände, worinnen alle Fähigkeit nach aussen zu wirken noch mehr aufgehoben ist."

An Penthesilea erinnern folgende Stellen in auffälliger Weise:

S. 122. „Besonders sind es zwei nahe verwandte Laster, Wollust und Blutgier, welche sich durch eine verkehrte Ideenassociation des Wahnsinns fast immer an die Grundidee der Geheimlehren angereiht haben ... Schon jene Vorstellung, welche die Alten mit dem Begriff einer Baccha, einer Mänas verbanden, wird hier sehr bedeutend. Einmal war ihnen diese ein Bild tiefer religiöser Beschauung, versunken in ein schmerzlich süsses Gefühl des inneren geistigen Genusses, still und in sich gekehrt: auf der anderen Seite ein Bild rasender Geistestrunkenheit und des ausschweifenden, bewusstlosen Sinnentaumels. Und noch immer liegen sich beide Extreme fürchterlich nahe.

S. 195. Die Geschichte eines wohlüberlegten Mordes, den eine, übrigens vernünftig scheinende Schwangere an ihrem Manne beging, zu dessen Fleisch sie einen unwiderstehlichen Appetit bekommen, steht bei Reil S. 399 .... Auch solche Beobachtungen erinnern an den Schwedenborgischen Satz, dass in jener Welt wollüstige Liebe sich in Lust sich gegenseitig zu morden verwandle und an die schon längst anerkannte Verwandtschaft der Wollust (Fleischeslust) und Mordlust."

Wir wissen freilich nicht, wieviel von Penthesilea erst in Dresden Gestaltung gefunden hat und es handelt sich überdies um vereinzelte Stellen. Schuberts Anschauungen über Hellsehen, Traum und Poesie sind dagegen ein ihm eigenthümlicher Komplex und ich hätte noch eine Menge weiterer hierher gehöriger Stellen citiren können. So misslich es ist, aus einer später erschienenen Schrift verklungene Gespräche zu rekonstruiren — der grosse Einfluss, den der Verkehr mit Schubert auf die ganze Richtung von Kleists Poesie (vergleiche auch das Bettelweib von Locarno, die heilige Caecilie und die geheimnissvolle Wahrsagerin in Michael Kohlhaas) geübt hat, wird doch deutlich geworden sein.

„Mord aus Liebe".

In den Berliner Abendblättern findet sich eine Erzählung: Mord aus Liebe, die Zolling aus sprachlichen und sachlichen Gründen mit Recht Kleist zutheilt (Zollings Ausgabe 4, 381). In der Erzählung ist als Quelle das journal encyclopédique von 1770 angegeben, was Zolling dahingestellt lässt, indem er sie eine angebliche Uebersetzung einer französischen Zeitungsnotiz nennt. Sie findet sich aber in der That an der angegebenen Stelle im Juniheft (Journ. encycloped. 1770, tom. IV, S. 453): Lettre de Lyon, du 31. Mai, au sujet d'un double meurtre entre amant et maitresse. Kleists Uebersetzung ist beinahe wörtlich. Nur eine bemerkenswerthe Abweichung findet sich. Die Geschichte erzählt von einem italienischen Fechtmeister, der wegen unheilbarer Krankheit mit seiner Geliebten zusammen sich den Tod giebt. Die Beiden binden sich aneinander, setzen sich gegenseitig die Pistolen auf die Brust und drücken im selben Moment los. (Im Original bewirken sie auf seltsame Weise durch das gleichzeitig noch an den Hähnen der Pistolen befestigte Band die

Entladung, indem sie sich zurückbiegen und so das Band spannen). Der französische Autor behandelt nun diese That tadelnd, er nennt den Fechtmeister le forcené und sagt weiterhin von ihm: Ce misérable, qui a entraîné à un si cruel sacrifice une victime digne d'un meilleur sort, avait trente ans et son amante à peine vingt. Diesen Tadel macht sich Kleist nicht zu eigen. Er übersetzt le forcené: der Kranke und giebt den letzten Satz einfach wieder: Der Liebhaber war 30 und seine Geliebte 20 Jahre alt. Diese Abweichung in der am 7. Januar 1811 erschienenen Bearbeitung ist bedeutsam im Hinblick auf das Ereigniss vom 21. November desselben Jahres.